Klaus Vollmer

Wer nicht glaubt, glaubt auch

Gespräch mit Atheisten

R. BROCKHAUS VERLAG WUPPERTAL UND ZÜRICH

R. Brockhaus Taschenbuch Bd. 340

2. Taschenbuchausgabe 1988

Überarbeitete Ausgabe des Linienbuches Nr. 11
© 1974 R. Brockhaus Verlag Wuppertal
Umschlaggrafik: Carsten Buschke, Solingen
Gesamtherstellung: Breklumer Druckerei Manfred Siegel KG

ISBN 3-417-20340-6

VORWORT

Wenn jemand sagt, daß unsere Zeit für die Botschaft des Evangeliums nicht aufgeschlossen sei, dann kann ich nur sagen: Das Gegenteil ist der Fall! Es geht ein gewaltiges Fragen um, nach der alten und doch ewig jungen Wahrheit des Evangeliums.

Die vorliegenden Vorträge wurden zu verschiedenen Anlässen vor alten und jungen Menschen gehalten. Und wenn jetzt das gesprochene Wort in den Druck geht, dann soll es auch auf diese Weise dazu dienen, daß Menschen unserer Zeit Begegnungen erfahren mit der lebensschaffenden Kraft des Evangeliums.

Den Herren Georg Gremels, Dr. Klaus Schulz und Dietrich Bodenstein sei für die Mühe gedankt, daß sie mitgeholfen haben, die Reden lesbar zu machen.

Klaus Vollmer

INHALT

Wissenschaftlicher Atheismus?!

Die Frage aller Fragen

Wir treten mit diesem Thema nicht an eine Randfrage unseres Lebens heran, sondern treffen genau in die Mitte der geistigen Auseinandersetzung, die sowohl durch die östliche Welt mit ihren immer mehr sich unterscheidenden Kommunismen als auch durch die Plattheit des materialistischen Westens geht – und dies trotz eines überall wie ein Nebel hochsteigenden religiösen Interesses, das beileibe mit Gott nichts zu tun hat, sondern eine Abart der Gottleugnung im Atheismus ist und sich seine Götter sucht, wo sie am bequemsten zu finden sind: in den Ideologien, im Okkultismus, in der Sucht.

Es sind die Völker aller Kontinente, die sich mit diesen Fragen herumschlagen müssen. Und es merken die katholichsten aller Länder, daß sich die Frage nach dem Atheismus längst in sie verkrallt hat. Der Vatikan hatte nicht darum sein Konzil einberufen, weil der Gottesglaube auf dem Vormarsch wäre, sondern weil der Atheismus längst in der Armee der Priester Fuß gefaßt hat.

Wer sich in seinem engsten Lebensraum umgeschaut hat, der weiß, daß kein Lehrling und kein Schüler, kein Student und keine Hausfrau, kein Arbeiter und kein Akademiker, kein Pastor und auch keine noch so einfältig fromme Seele von der Frage: »Ob denn nun wirklich ein Gott sei?« verschont geblieben ist.

Und dies soll schon ganz zu Anfang gesagt sein: Die Frage, ob ein Gott sei oder nicht, hat ja keinen akademischen Charakter in der Gestalt, daß man annehmen könnte, die Frage sei ungefährlich und geistreich zu verhandeln; sondern die Antwort auf diese Frage aller Fragen bestimmt das gesamte Leben. Wir nehmen wahrlich den Mund nicht zu voll, wenn wir behaupten:

Die Frage nach Gott und den Philosophien des Atheismus trifft genau die Mitte unseres gesamten Lebens.

Wir werden uns also auf eine harte und leidenschaftliche Klärung gefaßt machen müssen. Wer dies nicht will oder dem nicht standhält, der mag dieses Buch aus der Hand legen.

Begriffsbestimmung

Bevor wir aber zu der Entfaltung des Themas kommen, gestatten Sie mir eine kurze Begriffsbestimmung dessen, was wir heute für unser Gespräch unter Atheismus verstehen müssen.

Die Geschichte dieses Wortes reicht weit in die Antike, und es wäre an sich schon aufregend genug zu sehen, wie die Geister der Jahrtausende mit diesem Phänomen umgegangen und fertig- bzw. nicht fertiggeworden sind. Aber für unser Gespräch scheint mir folgende Definition zu genügen:

Atheismus meint eine geistige, verbindliche Absprache, die eine wie auch immer gedachte Gottesvorstellung leugnet und darum auch folgerichtig bestreiten muß, daß es eine Geschichte der Menschheit oder eine Evolution des Kosmos gäbe, die auf ein ganz gewisses, von Gott gewolltes Ziel zugehen könne. Der Atheismus nennt das »wissenschaftlich«.

Die Folgen einer solchen Geisteshaltung sind enorm. Wir werden im Verlaufe unseres Nachdenkens einiges dazu zu sagen haben. Aber ich möchte noch ganz kurz zeigen, warum das Wörtchen »wissenschaftlich« immer in der Nähe des Atheismus gebraucht wird.

Man muß ständig daran denken, daß jede Form des

Atheismus immer nur aus der Reaktion auf einen so oder auch anders bestehenden Gottesglauben, wir sagen jetzt »Theismus«, entstehen konnte.

Damit ist deutlich, daß der Atheismus eine bewußte Anfrage an die jeweils vorherrschende Gottesvorstellung sein will. Eine Anfrage an einen Gottesglauben geschieht aber stets so, daß man nachzuweisen bemüht ist: mit der wissenschaftlichen Entdeckung der Welt und des Menschen wird der Gottesglaube als das entdeckt, was er in den Augen des Atheisten dann auch sein muß; nämlich eine unbewiesene spekulative Geisteshaltung, die man als solche aufdecken muß.

Atheismus und Wissenschaft gehören nicht zufällig, sondern wesensmäßig zusammen. Nicht jeder Wissenschaftler will Atheist sein, aber jeder Atheist schmückt sich mit dem Nachweis, ein Wissender zu sein. Wieweit dieser Schmuck geschmackvoll oder geschmacklos ist, werden wir noch zu untersuchen haben.

Es muß zu dieser Begriffsklärung noch gesagt werden, daß in jedem Atheismus ein Fortschrittsglaube liegt. Das liegt daran, daß sich der Atheist ja gerade bemüht, die jeweiligen Zeitgenossen aus dem Dunkel eines »unbewiesenen« und »verängstigenden«, »dummachenden« Gottesglaubens herauszuholen, um sich als Führer in eine neue und klarere Zukunft zu empfehlen. Die Wissenschaft liefere »Beweise« und schaffe darum eine »gewiß- und mutmachende«, in jedem Fall eine »kluge« Lebenshaltung, die nicht dem Gestern, sondern immer dem Morgen zugewandt sei.

Denken wir dieser Gesetzmäßigkeit nach, dann verstehen wir auch, warum der Atheist immer einen überzeugenden, ja missionarischen Charakter tragen muß und wird. Denn er kann und will ja nichts lieber, als eine neue Zeit heraufführen, in der das Leben besser und gewisser gelebt werden kann. Es ist dann auch folgerichtig, daß der

Atheismus demjenigen, der sich diesem Fortschritt entgegenstellt, eine unerbittliche inquisitorische Haltung entgegensetzen muß. Denn der Wissende wird es nie ertragen können, daß der Unwissende ihm entgegentreten darf. Die Intoleranz wohnt wesensmäßig im Atheismus. Und wenn ein Atheist sich selber nicht intolerant gebärden sollte, dann muß man ernstlich fragen, ob er wirklicher Atheist ist.

Lassen Sie mich zusammenfassend zu unserer Begriffsbestimmung sagen,

– daß der Atheismus eine Gottesvorstellung leugnet,
– daß er auf den Nachweis des Wissenden nie verzichten kann,
– daß er sich stets als führend empfehlen muß und will und
– daß er in den Begegnungen mit dem Gottesglauben von ätzender Intoleranz sein kann, vielleicht sogar sein muß.

Wie gesagt, kann diese Definition nicht alles anzeigen, was unter diesem Stichwort angezeigt werden müßte; aber ich denke, sie genügt, um das Gespräch zu ermöglichen.

Damit stehen wir nun vor der Entfaltung unseres Themas. Wir wollen folgendes bedenken:

1. Die weltweite Bedeutung des Atheismus

2. Eine Klärung: Die Gottesfrage

3. Der Versuch des Atheismus, die Existenz Gottes zu leugnen

4. Was kann man eigentlich wissen und was nicht? Drei Antworten.

5. Der Aufbruch aus dem Atheismus

1. Die weltweite Bedeutung des Atheismus

Die Götter kommen wieder

Die großen Religionen, die geboren wurden aus der Sehnsucht nach dem Jenseits, erleben heute eine unverhoffte Wiederkehr. Das ist ein sehr stiller, aber doch ungeheuer dramatischer Vorgang, der um die ganze Welt zieht.

Man mag diese bewundern oder verteufeln, bestreiten kann man diese Tatsache auf jeden Fall nicht. Und wenn die Religionsgemeinschaften in unseren Tagen stets und ständig nach neuen Wegen der Massengewinnung und nach einem neuen Verständnis im Zeitalter der Hochindustrie fragen, dann wird hier nicht Glaube, sondern Macht und Fanatismus deutlich.

Aber stellen wir es nüchtern fest: Das Erdbeben des Atheismus hat alle und alles erreicht. Weder das Judentum noch der Islam, weder Buddhismus noch Hinduismus, weder Afrikas Stammesreligionen noch das weltweite, hundertfach in sich verschieden gestaltete Christentum ist von dieser in der Tat kosmischen Erschütterung verschont geblieben.

Und wer heute sieht, wie nicht nur die katholische und evangelische Kirche um ein gemeinsames Miteinander ringt, sondern daß auf den Ebenen der verschiedenen Religionen schon die Frage nach einem gemeinsamen Verständnis gestellt wird – man fragt nach dem »religiösen Moment, das alle Religionen eint« –, dann sieht man ein nie dagewesenes, wirklich einmaliges Schauspiel untergehender Geisteshaltungen; man steht vor dem Drama, daß die Menschheit erleben muß, wie ihre höchsten und heiligsten Güter versinken – wie die Städte bei einem Erdbeben. Wo immer der einzelne seinen Platz haben mag, eines soll und muß uns deutlich sein: Es ist der Atheismus, der das geistige Antlitz unserer Welt gezeichnet hat und weiter zeichnen wird.

Das Ende einer Epoche

Wir können nun viele Fragen stellen, wie es dazu gekommen ist, und wir werden viele Antworten geben können. Wir können darauf hinweisen, daß die Religionen dieser Welt stets in den Mühen und Entbehrungen, in den Leiden und Todeskatastrophen ihre Aussagekraft gewannen. Wir müßten sagen, daß die Glaubensbewegungen zutiefst verwandt sind mit dem Leben in der Wüste, und wir würden manche Tiefsinnigkeiten durchdenken, wenn wir fragten, warum die Neuzeit mit ihrem naturwissenschaftlichen Denken und ihrem industriellen Lebensgefühl stets im religionsfeindlichen Lager seine Nähe haben muß. Wir müßten eigentlich die Mühe aufbringen und dem inneren Zusammenhang nachdenken, warum die Betonung des Individuums notwendigerweise den Atheismus hervorbringen muß und warum ausgerechnet der Idealismus, einmal seiner christlichen Substanz beraubt, den Menschen in den Schrecken »Es ist kein Gott« entlassen muß. Wie gesagt, wir können in diesem Augenblick all den Fragen und Antworten zum Entstehen des Atheismus nicht nachgehen. Aber auf eine Erscheinung soll und muß hingewiesen werden, damit wir einen Zugang gewinnen, der von höchster Aktualität ist:

So wahr es ist, daß der Atheismus eine erschütternde und weltweite Macht in sich trägt, so wahr ist es auch, daß ihm keine eigentlich schöpferische und gestaltende Kraft zum Leben innewohnt.

Atheismus ist niemals Anfang einer neuen, lebenschaffenden Bewegung, sondern er ist stets das Ende einer großen Epoche. Man kommt in den Atheismus nicht hinein, wie man in geistige Bewegung hineinkommt, die man studieren und sich aneignen kann. Nein, der Atheismus kommt über eine Kultur, wie die Kälte des Winters nach einem langen fruchtbaren Jahr kommt. Und die Völker müssen den Atheismus durchmachen, wie man ein Sterben durchmacht.

Das Nein und das Nicht

Es liegt niemals etwas Schöpferisches oder Geniales im atheistischen Denken, sondern es breitet sich in allem stets das Negative und Hoffnungslose aus, das auch immer Gespenstisches an sich trägt.

Von Adolf Hitler wurde gesagt, daß man in seiner Nähe eine lähmende Kälte verspürt habe, die seltsamerweise dennoch von unheimlicher Faszination gewesen sei. Lassen Sie mich – dies auf alle Erscheinungsformen des Atheismus übertragend – sagen: Hier wird nie eine neue Zeit eingeläutet, sondern es ist die Todesglocke, die eine alte Zeit aus dem Leben herausläutet.

Und die Faszination, die jeden packt, der ein waches Empfinden für Größe hat, liegt darin beschlossen, daß jedes Sterben und jede Katastrophe einen Abgrund ahnen läßt, der Menschen gewaltig anzieht. Und der Atheismus ist Ende, ist Sterben und ist Ahnung einer unergründlichen Tiefe, der wie ein Strudel alles und alle mit sich reißt.

Atheismus wird auf der letzten Strecke eines Weges geboren, er ist die immer gewisser werdende Ahnung vom Ende eines Menschheitskapitels. Der Geist kann angesichts des Untergangs nur noch das »Nein!« und das »Nicht!« formulieren, er gebiert kein »Ja!« und keine Liebe mehr.

Und man muß nur die Hintergründe des gegenwärtigen Atheismus, wie er sich z.B. im Westen und im Osten zeigt, durchschauen, um zu begreifen, wie wahr dieser Satz ist:

Der Atheismus des Westens zeigt sich zwar im prächtigen Gewand der Bereicherung, aber noch nie wurde eine Menschheit so von der Ahnung der überdrüssigen Sinnlosigkeit ergriffen, wie gerade der Westen. Und wer den Hintergrund der Unruhe begreifen will, der muß sehen, daß das Verlangen der Jugend nach totalem Umbruch der Verhältnisse eben aus diesem Überdruß erfolgen mußte. Der Materialismus des Westens ist nicht lebenbejahend, sondern zutiefst lebenerdrückend.

Und wer hinüberschaut zu dem großen und vielleicht in seiner Ausdehnung letzten großen Versuch des Ostens, diese Welt und die Menschheit zu beglücken, der wird Zeuge eines letztlich unbegreiflichen Schauspiels: Hier versucht der Mensch aus sich selbst heraus zu ändern, was nie zu ändern ist: Sich selbst. Aber es ist längst geschichtlich nachgewiesen, daß die Weltrevolution, oder was man dafür hält, die Kraft eines schöpferischen Vorgangs nicht mehr hat. Das wurde in China am wenigsten deutlich, so lange in der Person Mao Tse-tungs eine Position aufgerichtet war, die das »Nein!« des Atheismus zu verhüllen vermochte. Doch auch das ist nun vorbei.

Im Sog der großen Macher

Von der geistlichen und religiösen Kraft der christlichen Kirchen Europas läßt sich nur sagen, daß sie z.Zt. so sehr in den Sog der Weltgestalter, sprich »der großen Macher« in Gesellschaft und Politik, geraten sind, daß man ernsthaft fragen muß, ob nicht das ständige Jonglieren mit außertheologischen Hilfsmitteln ein Zeichen innerer Hilflosigkeit ist. Denn die Kirche beweist nicht dann ihre Kraft, wenn sie mit der Welt die Probleme anzupacken versteht, sondern sie bezeugt ihre wahrhaftige Stärke, wenn aus ihr der Lobgesang aufbricht.

Denn der Lobgesang kann nicht gemacht werden, sondern er ist geboren aus der Begegnung mit der Ewigkeit. Verliert aber die Kirche diesen Direktbezug zur ewigen Welt, dann erstirbt der Lobgesang. Was bleibt, sind die erkünstelten Liturgien und die hektischen, aus der unbefriedigten Seele geborenen Jesus-Songs, diese sehnsüchtigen Dissonanzen, die gequält und darum so lautstark alle mitzureißen versuchen. Aber das alles ist genauso kraftlos wie der gutgemeinte Aktivismus, mit dem die Kirche versucht, allerorten ihre Existenzberechtigung nachzuweisen.

Vom Lobgesang leben

Es muß immer und immer wieder begriffen werden, daß eine Kirche nicht davon lebt, daß sie Aufgaben hat, sondern daß sie dann lebt, wenn der ewige lebendige Gott ihr den Lobgesang schenkt. Hat sie dazu die Kraft, ohne Zweck und ohne Rücksicht auf Erfolg ihren Lobgesang zu singen, dann wird sie auch die Kraft haben, zu dienen und diese Welt zu gewinnen.

Hat die Kirche Jesu Christi aber nicht mehr die Kraft zum Lobgesang, dann ist jenes letzte Kapitel am Zuge, wo aus der religiösen Erschöpfung der Atheismus sein letztes »Nein!« und »Nichts gilt mehr!« zu sagen weiß. Und wir wissen, daß wir jetzt nicht aus dem Fenster hinausreden, sondern daß wir vor der einfachen, aber alles demaskierenden Frage stehen, wie es denn mit uns selbst bestellt sei. Was treibt uns? Der Lobgesang oder die Unruhe, daß dieses und jenes nicht mehr gelingt? Was macht unseren Christenstand aus? Der Lobgesang über die Herrlichkeit Gottes oder die tausendfältigen Überlegungen, diese Welt und die Gemeinde zu retten?

Was bleibt, ist die Flucht

Ein jeder gebe sich seine Antwort und wer ehrlich ist, der weiß, wie weit der Atheismus uns alle bereits erreicht hat und wie tief er in uns eingedrungen ist. Wir leben nicht jenseits des großen Sterbens einer Kultur und Religion, sondern wir machen das alle auch mit und leiden es durch. Es wird nur die Frage sein, wie wahrhaftig wir diese Realität zur Kenntnis nehmen und ob wir in einen neuen, letztlich doch wieder vom Geist des Atheismus diktierten Aktivismus verfallen, oder ob wir entsetzt über uns und unsere Ausweglosigkeit zu dem flüchten, der die Toten zum Leben auferweckt.

Lassen Sie mich es deutlich und ungeschminkt sagen: Der Atheismus gibt keinen Ausweg. Er vernichtet alle nach dem Gesetz des Neins! Was bleibt, ist die Flucht zu Gott. Und diese Flucht gehört zum Gewaltigsten und Letzten, zu dem ein kämpfender Mensch in der Lage sein kann. Wer diese Flucht nicht will, der muß sehen, wo er bleibt. Wenn aber jemand unter uns ist, der aufbrechen will aus dem Inferno der Sinnlosigkeit, dem gelten die folgenden Gedanken und Hilfen.

2. Eine Klärung: Es geht immer um die Gottesfrage

Die geistigen Voraussetzungen

Wer nicht im Nebel allgemeiner Gefühle und Redensarten über den Glauben steckenbleiben will, der braucht Klärung.

Klarheit der Gedanken und das Finden der Wahrheit gehören unauflöslich zusammen.

Und wenn ein Mensch der alles zersetzenden Macht des Atheismus entgehen will, der muß sich auch geistig klarwerden, was er suchen und was er verlassen muß.

Wer die geistigen Voraussetzungen des Atheismus nicht wenigstens in den Umrissen kennt, der wird schwerlich einen neuen Weg finden.

Wir wollen versuchen, diese Umrisse aufzuzeigen, bevor wir dann im letzten Teil von dem Weg sprechen, der uns vorgelegt wird.

Wenn wir vom Atheismus reden, also von der geistigen Haltung, daß kein Gott sei, dann haben wir es seltsamerweise mit der Frage nach Gott zu tun. Denn der Atheismus will ja den bestehenden Gottesglauben zu Grabe tragen. Will ich also dem Atheismus widerstehen, dann muß ich mir darüber klar werden, gegen was der Atheismus auftritt und woran er sich profiliert.

Die Frage nach dem Ursprung

Die Gottesfrage ist zutiefst die Frage nach dem Leben. Wer nach seinem eigenen Ursprung fragt, der fragt immer über die Geschichte seiner Familie, seines Volkes, der Menschheit und des Kosmos hinaus. Er fragt, wie wir es formulieren wollen, nach dem großen Alpha, nach der Begründung aller Dinge. Genau diese Frage aber ist die Frage nach GOTT.

Ich habe jetzt nicht gesagt, wer Gott ist und wer er nicht ist, sondern es geht hier um die Feststellung, daß jeder Mensch in dem selben Augenblick, in dem er über den Ursprung seines Lebens nachdenkt, vor die Gottesfrage gestellt ist.

Wenn wir aber vom Ursprung des Lebens sprechen, dann sprechen wir immer auch sofort von der Begründung unseres Seins.

Wer aber von der Begründung seines Leibes, seiner Seele und seines Geistes, seiner Familie, seines Volkes, seiner Sprache und des gesamten Kosmos spricht, muß notwendigerweise nach dem Hintergrund aller Begründung fragen, und das ist wiederum die Frage nach Gott.

Anders formuliert: gibt es eine Position, von der wir unser Leben begreifen können und müssen? Oder müssen wir »unbegründet« und »unbegreiflich« leben?

Es ist also dummes Zeug, wenn jemand sagt, daß ihn die Frage nach Gott nicht interessiere. Interessiert sich jemand für sein eigenes Leben, so muß er an die Gottesfrage heran, es sei denn, er würde sich selbst für gedankenlos erklären.

Die Frage nach dem Ziel

Dieselbe Gottesfrage steht natürlich auch auf, wenn ich die Frage nach dem Ziel meines Lebens und dem Ziel aller Dinge stelle. Ich bin als Individuum ein Teil eines Ganzen. Wenn ich also nach dem Ziel des Kosmos frage, dann frage ich gleichzeitig nach meinem eigenen Ziel. Ich kann nicht individualistisch von einem Lebensziel schwärmen und gleichzeitig meine Umwelt bzw. das Ganze des Kosmos auslassen.

Wenn ich aber die Zielfrage stelle, dann stelle ich immer auch die Sinnfrage. Denn der Sinn definiert sich vom Ziel. Die Frage heißt nun: Muß der Mensch sich selbst ein Ziel setzen – anders formuliert: muß er sich selbst einen Sinn machen, oder hat das Leben ein vorher gesetztes Ziel, so daß der Sinn nicht von uns gemacht werden kann, sondern bereits da ist?

Die Frage nach dem Tod

Wer aber die Frage nach dem Ziel seines Lebens stellt, der kommt auf die Todesfrage. Wer aber nach dem Tod fragt, der muß die Frage stellen, ob der Tod das Letzte oder das Vorletzte ist. Fragen wir aber nach dem Tod, dann fragen wir nach der möglichen Wirklichkeit, die hinter dem Tode liegen könnte. Damit stehen wir wieder vor der Gottesfrage. Wir nennen die Frage nach dem Ziel der Dinge Omega (letzter Buchstabe im griechischen Alphabet).

Unser Leben ereignet sich zwischen Alpha (Begründung und Ursprung) und Omega (Ziel und Sinn). Wir müssen nun sagen, daß unser Leben eingeklammert ist von der Gottesfrage. Und ich wiederhole nochmal:

Die Frage nach Gott

Es ist ein Zeichen von dümmlicher Gedankenlosigkeit, wenn einer sagt, die Frage nach Gott interessiere ihn nicht. Solange jemand nach dem Grund seines Lebens, seines Leidens, seiner Schuld und nach der Begründung allen Seins fragt, muß er die Gottesfrage zumindestens stellen. Und solange jemand die Frage nach dem Sinn seines Lebens, der Welt, seines Berufes usw. stellt, solange ist er an die Frage nach Gott gewiesen.

Gott? A  Ω **Gott?**

Und die Folgen dieser Fragestellung und ihrer entsprechenden Beantwortung sind enorm. Wir wollen dies kurz anzeigen:

Gibt es keine gültige, sprich ewige Begründung des Lebens, dann ist nichts begründet, sondern eiskalter Zufall. Steht hinter den Dingen und hinter dem Leben des Universums wie hinter meinem eigenen Leben kein persönlicher Wille, dann gibt es keine Instanz, von der das Leben begriffen und gewertet werden kann. Man kann das natürlich denken und tun, man muß nur wissen, was dann geschieht.

Wenn es nämlich keine gültige Lebensbegründung gibt, dann gibt es auch keine Lebensgestaltung, die nicht sofort und immer wieder hinterfragt werden kann. Ist das Leben nicht im Gültigen, d.h. in der Ewigkeit bei Gott gegründet, dann kann jeder mit sich und dem anderen und dieser Welt machen, was er will.

Dasselbe gilt auch für die Ziellosigkeit des Menschen: Weiß ein Mensch nicht, wohin sein Leben wirklich zielt, dann weiß er auch nicht, wozu er da ist. Liegt das Ziel im Tod, dann bestimmt der Tod, der ja zutiefst eine Lebensverneinung ist, auch das gesamte Leben. Verlagert aber der Mensch sein Lebensziel, damit auch seinen Sinn, vor den Tod, z.B. im Beruf oder in der Liebe, dann lebt er ständig in der Angst, dieses Ziel durch den Tod vernichtet zu bekommen. So wird die Todesangst zur Lebensangst. Sinnlosigkeit ist kein Begriff, sondern das Lebensgefühl des Atheisten.

Ich fasse zusammen:

Die Gottesfrage umgibt uns wie eine Klammer. Alles Fragen nach dem Woher und Wohin, nach dem Warum und Wozu führt uns zu der Frage, ob ein Gott sei. Ich erwarte von keinem, daß er jetzt mit einem lauten »Halleluja« Gott anerkennt, sondern daß er zur Kenntnis nimmt, daß es keine Lebensäußerung und keinen Lebensvorgang gibt, der nicht zutiefst mit der Gottesfrage und ihrer Beantwortung zu tun hat. Ob es sich um den Beruf oder die Ehe handelt, ob wir von den Fragen des Leides oder der Schuld sprechen, ob wir vom sittlichen Handeln oder vom politischen Programm reden, immer steht im Hintergrund die Frage nach Gott und ihre Beantwortung.

Gottesbejahung und Gottesleugnung sind die beiden großen Vorentscheidungen, um das Leben zu verstehen und um es zu begreifen. Wer diesen Satz in Frage stellt, ist gedankenlos.

Und ich meine, es sei nun wirklich die Zeit gekommen, daß wir in unseren Schulen und Hochschulen von denen, die den Mund auftun, Klarheit verlangen über ihren eigenen Standort zur Gottesfrage. Denn nicht der hat schon etwas zu sagen, der redet, sondern der darf reden, der Auskunft geben kann, wie er mit der Gottesfrage umgeht.

Man kann die Gottesfrage nie über-, sondern immer nur unterschätzen. Sage mir, was für dich letzte Instanz ist, und ich sage dir, was du denken, sagen und leben kannst; ist der letzte Bezug innerweltlich, dann ist alles und nichts gültig; hast du deinen Bezugspunkt außerhalb von Raum und Zeit, dann gib Auskunft, was das für ein Gott sei, von woher die Lebensbegründungen und Lebensziele kommen. In jedem Fall stimmt der Satz: Auf die Gottesfrage kommt es an und auf ihre Beantwortung.

3. Der Versuch des Atheismus die Existenz Gottes zu leugnen

Die Leugnung

Im Atheismus erleben wir den grandiosen Versuch, die Existenz eines Gottes zu leugnen. Wie immer der einzelne Atheist vorgehen mag, er wird nachweisen, daß menschliches Wissen und wissenschaftliche Erfahrung den Gottesglauben aus dem Bereich der Mythen und Urängste, der Sehnsüchte und des Rätselhaften erklären kann.

Der Atheist wird immer den Nachweis erbringen müssen, daß der Gottesglaube einer gewissen Kindheitsstufe der Menschheit zuzuordnen sei. Diese Stufe aber habe Europa hinter sich und könne nun ohne diese »Krücke Gottesglauben« das Leben und die Zukunft meistern.

Es wird dann nie an Wissen fehlen, um den Atheismus zu begründen. Ob man die Naturwissenschaft oder die Tiefenpsychologie, die vergleichende Religionswissenschaft oder die Geschichtsforschung bemüht, immer wird das Ergebnis der Wissenschaften und die Mächtigkeit menschlichen Denkens dem Glauben entgegengesetzt. Jeder unter uns wird dies tausendfach erlebt und auch sicher selbst gehandhabt haben.

Wenn Gott Gott ist

Lassen Sie mich dazu zunächst dieses sagen: Wenn ein Wissenschaftler, gleich aus welchem Raum, auftritt, um den Glauben an Gott unter die Lupe zu nehmen, dann soll er das tun.

Und wenn man herausbekommt, wie menschlich der Glaube zusammengesetzt ist und aus welchen menschlichen Mitteln und Sehnsüchten so manches religiöse Phänomen gewachsen ist, dann will ich zunächst nichts anders tun als zuhören.

Warum?

Weil ich weiß, daß eine Voraussetzung des Atheismus bestimmt richtig ist, und diese Voraussetzung lautet:

Wenn es Gott geben sollte, dann werden wir ihn in Raum und Zeit auf jeden Fall nicht als Gott zu sehen und zu begreifen bekommen.

Diese Aussage mache ich sofort mit. Denn das ist doch einleuchtend:

Wenn Gott Gott ist, dann ist er eben nicht greifbar und nicht denkbar. Er ist eben Gott. Er ist nicht geschichtlich und kann in der Geschichte auch nicht wahrgenommen werden. Und sollte Gott in der Geschichte wahrzunehmen sein, dann könnte er immer nur geschichtlich kommen, und genau das gibt mir ja gerade keine Gewißheit, ob es sich dann auch wirklich um Gott handelt.

Von dieser Einsicht her bin ich also bereit, den Atheisten zunächst reden und auch hochwissenschaftlich über Gott und meinen Glauben argumentieren zu lassen.

Wenn Gott nicht Gott ist

Und wenn dann der Atheist in der Lage sein sollte, aufgrund seiner Argumentation, seines Wissens und seiner wissenschaftlichen Ergebnisse meinen Glauben an Jesus Christus zu erschüttern, dann wäre es sowieso Zeit, den Glauben an Christus über Bord zu kippen; und verlassen Sie sich darauf, ich würde mit wehenden Fahnen zum Atheismus übergehen.

Ich sage dies vor allem in die Richtung derer, die immer vor Angst zittern, wenn ein Philosoph auftritt, der die Existenz Gottes in Zweifel ziehen möchte.

Was ist das für eine Christusgewißheit, die vor einem Philosophen davonlaufen müßte? Ist das nicht geradezu der Nährboden des Atheismus, wenn fromme Christen ihrer jungen Generation das Denken verbieten wollen, weil man dann befürchtet, der Glaube ginge verloren?

Ich werde gleich noch davon reden, wie mutig der Christ jeder geistigen Auseinandersetzung begegnen kann, selbst wenn sie vom gehässigsten Atheismus diktiert ist.

Wissenschaft kontra Glauben

Aber ich möchte das auch in die Richtung derer sagen, die meinen, daß der Glaube gesicherter sei, wenn man auf einen christlichen Akademiker, einen Professor und womöglich auf einen frommen Philosophen verweisen könnte. Welch ein ungläubiger Unsinn!

Der christliche Glaube wird nicht durch Wissen erschüttert und kann nicht durch Wissenschaft gestärkt werden. Dies sei zwischendurch festgestellt. Und könnte die Wissenschaft dem Glauben gefährlich werden, dann laßt uns auf den Glauben verzichten!

Wir stehen damit vor der immer gültigen Grundfrage, deren Beantwortung uns ständig vor Augen stehen muß:

Was kann man denn eigentlich wissen und was kann man nicht wissen?

4. Was kann man denn eigentlich wissen

Und was kann man nicht wissen? Womit kann also der wissenschaftliche Atheismus auftreten, und womit kann er nicht auftreten? Was kann er also versuchen, und was kann ihm nicht gelingen?

Lassen Sie mich dazu folgende *drei Antworten* geben:

Erste Antwort:

Ich muß wissen, daß der Mensch nur in Raum und Zeit, also innerhalb des Kreises, denken und begreifen kann, der von der Geschichte umschrieben wird. Wir können also nur Geschichtliches, d.h. Relatives denken. Wenn also jemand anfängt zu denken, in welcher Weise und Tiefsinnigkeit auch immer, dann hat er immer den geschichtlichen Raum vor sich.

Weil er aber selbst als Voraussetzung seines Denkens die Geschichte mitbringt, hat er auch immer nur die Möglichkeit, geschichtliche Ergebnisse zu bekommen. Geschichtliches aber kann dem Glauben niemals bedrohlich werden. Höchstens umgekehrt.

Wer meint, aufgrund des Denkens im geschichtlichen Raum Aussagen über die Ewigkeit machen zu können, der hat sich in jedem Falle nicht wissenschaftlich verhalten. Was wir über Gott und Ewigkeit und das Sein aussagen können, muß immer unwissenschaftlich im Sinne des Beweises sein.

Ich kann zwar von Gott und Himmel und vom ewigen Sein sprechen, aber die Sprache reicht nicht aus, um in einer geschichtlichen Greifbarkeit darzustellen, was ich meine. Selbst in den kühnsten Formulierungen bleibe ich geschichtsgebunden. Es ist gleich, welche Brille ich aufsetze, um durch Raum und Zeit hindurchzuschauen; ich durchschaue Raum und Zeit auf jeden Fall nicht und bekomme von der Ewigkeit nichts, aber auch gar nichts zu sehen.

Wir müssen den Satz durchhalten, daß wir Gott nicht zu denken vermögen, weil wir an Raum und Zeit gebunden sind. Es gibt keinen wissenschaftlich begründeten Glauben.

Aber im selben Atemzug muß gesagt werden, es gibt keinen wissenschaftlich begründeten Unglauben. Und wenn der Atheismus im Gewande der Wissenschaft einhergeht, dann kann ich nur lächelnd feststellen:

Dieses Gewand überzeugt nicht!

Es beeindruckt mich auch nicht eine Sekunde.

Wer sagen möchte, daß es für ihn keinen Gott gibt, der hat keine Wissensaussage gemacht, sondern eine »Unglaubensaussage«. Ein Wissenschaftler von Rang weiß, daß es keine Aussagen über Raum und Zeit hinaus geben kann und geben wird.

Die Ewigkeit öffnet sich nicht, sondern versagt sich dem Denken.

Zweite Antwort:

Wir haben es im Glauben stets mit der Folge eines bestimmten grundsätzlichen Ereignisses zu tun. Ich kann auch sagen, daß ein Mensch, der dem lebendigen Gott begegnet ist, bestimmte Wirkungen ausleben wird.

Er wird z.B. ernster und getroster;

er beginnt mit dem göttlichen DU, das ihm widerfahren ist, zu sprechen;

er vertraut diesem unsichtbaren Herrn seine Schuld an und erfährt in einem geheimnisvollen Vorgang die Lösung seiner Schuld;

er beginnt Gottes Wort seltsam hintergründig zu verstehen;

in ihm entsteht eine feste Zuversicht, die durch nichts zu erschüttern ist.

Nun kann ein Atheist an einen solchen Menschen herantreten, um ihn auf seine Glaubwürdigkeit zu befragen. Damit kommt der Atheist aber niemals an die Ursache des Glaubens, sondern immer nur an die Wirkungen heran. Die Wirkungen aber sind nicht gleichzusetzen mit der Ursache, obwohl die Wirkungen nicht ohne Ursache zu begreifen sind.

Das andere stimmt natürlich auch: Es kann ja sein, daß jemand »Wirkungen spielt«, ohne von einer Ursache betroffen zu sein.

Es kann z.B. jemand beten, ohne dem lebendigen und ewigen DU begegnet zu sein,

es kann jemand in der Bibel lesen und sogar Erstaunliches herausholen, ohne von Gottes Geist geführt zu werden,

und es ist auch möglich, daß jemand von Gott redet und predigt, ohne von ihm dazu berufen zu sein.

Es gilt der Satz: Wo die Ewigkeit einen Menschen berührt, da treten ganz bestimmte sichtbare Folgen ein; aber nicht alles, was wie diese Folgen aussieht, muß eine ewige Ursache haben.

Der Atheist weiß also auch in diesem Fall nicht, wie er das Ganze nun handhaben soll.

Was für die Untersuchung eines einzelnen Menschen angeht, das stimmt natürlich auch für die ganze Christenheit: Wir kommen immer nur an die geschichtlichen Auswirkungen des Christentums heran, aber niemals an seine Ursache.

Wir lesen in der Heiligen Schrift von den Folgen des Redens Gottes, aber die Wirklichkeit der ewigen Welt läßt sich nie und nimmer nachweisen. Die gesamte Kirchengeschichte ist Auswirkung, und alles verweist eben nicht auf die Geschichte, sondern die Kirchengeschichte selber verweist auf den geheimnisvollen Hintergrund der Ewigkeit.

Genauso geht es mit Johannes dem Täufer, Jesus von Nazareth, Paulus, den Aposteln, den Heiligen, den großen Bewegungen des Aufbruchs und auch des Niederganges im Christentum: Nie kann ein Mensch sagen, was wirklich passiert ist, sondern immer bleibt eine große Anfrage:

Was für eine geistige Kraft steckt denn hinter einem Mann wie Johannes dem Täufer?

Von woher muß Jesus von Nazareth denn wirklich begriffen werden?

Was hat denn den Saulus von Tarsus nun wirklich zum Paulus gemacht?

Wo liegen die Ursachen der kirchengeschichtlichen Auswirkungen?

Damit ist natürlich der atheistischen Eilfertigkeit genauso der Boden entzogen wie einer christlichen Leichtgläubigkeit.

Der wissenschaftliche Atheismus kommt an der Tatsache nicht vorbei, daß die Vordergründe der verschiedenen Auswirkungen noch gar nichts besagen. Die sichtbaren Geschichtlichkeiten sind eben nur ein Teil, der interessantere und geheimnisvollere Teil aber verschließt sich dem Wissen.

Die christliche Leichtgläubigkeit aber wird sich sagen lassen müssen, daß ein bloßes Fürwahrhalten der Dinge noch nicht die Einheit mit der Wahrheit selber ist. Christus will nicht nur in seinen geschichtlichen Äußerungen, sondern vor allem in seinem ewigen Geheimnis geglaubt werden.

Halten wir diese Aussage also fest: Was in der Geschichte geschieht, ist Folge, aber nicht Ursache.

Der Atheismus kann niemals aufgrund der Folgen wissen, wo das Geheimnis der Ursache verborgen ist. Es kann sein, daß es keine Ursache aus dem Ewigen gibt, aber er muß annehmen, daß jede Auswirkung des Glaubens Hinweis auf ein ewiges Geheimnis sein kann.

Dritte Antwort:

In diesem Zusammenhang noch eine dritte Antwort zum Versuch des Atheismus, mit dem Christentum fertigzuwerden: Es ist auch unerlaubt, aus den Fehlentwicklungen der Kirche Rückschlüsse über die christliche Glaubwürdigkeit zu ziehen.

So wahr es sein kann, daß ein Mensch christliches Leben spielen kann, ohne von der Ewigkeit berührt zu sein, so wahr kann es sein, daß dunkle Dinge in der Kirche geschehen, die dennoch etwas mit Gottes ewigem Willen zu tun haben.

Dies ist nicht für jene gesagt, die nun lächelnd alles entschuldigen wollen, was an Sünde in der Kirche geschieht, sondern dies möchte ich denen gesagt haben, die sich mit der Frage quälen, warum so viel Dunkelheit dort aufsteht, wo eigentlich ein helles Licht strahlen sollte.

Ich erinnere Sie an die Gestalt des Verräters, an Judas. Über ihm steht der geheimnisvolle Satz: »Des Menschen Sohn geht zwar dahin, wie von ihm geschrieben steht; doch weh dem Menschen, durch welchen des Menschen Sohn verraten wird.« In diesem Satz liegt die ganze Unlösbarkeit des Versuches, vom geschichtlichen Ereignis einen unmittelbaren Rückschluß auf das Handeln Gottes finden zu können. Denn die Logik »Wenn Judas es hat tun müssen, dann ist er unschuldig!« funktioniert nicht. Genauso wenig wie der Satz: »Wenn die Kirche da und dort jämmerlich versagt hat, dann kann am ganzen Christentum nichts dran sein!« Wer so redet, weiß wenig.

Es bleibt dabei, der geschichtliche Vordergrund kann

zwar auf einen ungeschichtlichen Hintergrund verweisen, aber man hat dann immer noch nicht die Gewißheit, um welche Qualität des Hintergrundes es sich dann handelt.

Als ich vor einiger Zeit mit einem Studenten diese Gedankengänge durchging, da stöhnte er leise auf und sagte:

»Dann hat man also letztlich nichts Gewisses?«

Ich habe ihm darauf geantwortet:

»Darauf wollte ich mit Ihnen zunächst hinaus, daß Sie endlich wegkommen von der seltsamen Meinung, als könnten wir mit menschlicher Vernunft und wissenschaftlichem Gebaren gültige Aussagen über die Existenz Gottes bzw. über das Nichtsein Gottes machen! Wir erfahren nur unser Maß, wenn wir begreifen müssen, daß Raum und Zeit und Tod uns auch zu Gefangenen des Geistes machen!«

Wir fassen zusammen:

Der Versuch des Atheismus, die Existenz Gottes zu leugnen, ist zutiefst unsinnig und unwissenschaftlich. Ja, wir müssen sagen, daß wissenschaftlicher Atheismus ein Unsinn in sich selbst ist.

Es bleibt bei dem, was ich eingangs sagte: Hinter dem Atheismus steckt eben keine Wissenschaft, sondern eine Kultur- und Religionskrise. Eine Religion, die nicht mehr stark genug ist, das ganze Sein des Menschen, sein Denken und Fühlen und seine Lebensgestaltung zu erfüllen, bringt die Geschmacklosigkeit des Atheismus hervor. Eine Kultur stirbt nicht am Atheismus, sondern eine sterbende Kultur und Religion bringt den Atheismus hervor.

5. Der Aufbruch aus dem Atheismus

Wir wollen wieder den letzten Gedanken aufnehmen, der unseren ersten Abschnitt (s.S.16) beschloß. Wir hörten:

»Der Atheismus gibt keinen Ausweg. Er vernichtet alles nach dem Gesetz des Neins. Was bleibt, ist die Flucht zu Gott. Und diese Flucht gehört zu dem Gewaltigsten und Letzten, zu dem ein kämpfender Mensch in der Lage sein kann.«

Der Aufbruch aus dem Atheismus ist die Flucht zu Gott

Der Weg zu einer neuen Moral ist nicht der Weg zu Gott, sondern eben nur zu einer neuen Moral.

Der Weg zu neuen theologischen Gedanken ist nicht der Weg zu Gott, sondern ist eben nur ein Weg zu neuen Gedanken.

Der Weg zu Gott muß zu Gott führen, und die wahrhaftigste aller Fragen an dieser Stelle heißt:

Wollen wir Gott?

Willst du Gott?

Will ich Gott?

Wer diese Frage nicht stellt, soll ehrlich sein und aus dem Gespräch aussteigen. Wer aber *so* fragt, der ist bereits im Aufbruch zu neuer Unruhe und zu neuen Fragen:

Wo aber finden wir Gott? Wo finden wir das Absolute, das Wahre und das Ewige?

Wo finden wir den, der aller Sinnlosigkeit ein Ende setzt?

Wo finden wir das DU, das uns in Zeit und Ewigkeit aufnimmt? Wo finden wir das ewige JA, das alle Sinnlosigkeit überwindet und verschlingt, so, daß wir leben können?

Wo dieses Fragen beginnt und wo diese Unruhe einen Menschen erreicht hat, da ist der erste Schritt getan. Und wenn mich nicht alles trügt, erleben wir zur Zeit überall diese Unruhe: Unser Volk ist in der Sattheit nicht satt geworden, und im Überfluß der Dinge wurden uns die Lebensfragen nicht beantwortet. Die Bildung hat die Menschen nicht gewisser gemacht und die übersteigerte Sinnenbefriedigung gab keinem einen letzten Sinn.

Diese Erfahrungen haben Millionen von Menschen gemacht und viele wurden darum unruhig und reif, um die Gottesfrage wirklich neu und ernsthaft zu stellen.

Nur gilt der folgende Satz ja auch:

Der Überdruß an Vordergründigkeit und Plattheit dieses Lebens bedeutet noch nicht, daß Tiefe und Erfüllung dagegen eingetauscht wären. Und wer nach Gott fragt, hat ihn damit noch lange nicht gefunden. Der Aufbruch aus dem Atheismus ist eben noch kein Eingehen in die Gotteswirklichkeit. Wer merkt, wie sinnlos das ganze Leben ist, hat damit noch keinen Lebenssinn gefunden.

Wo findet man Gott?

Wer wirklich dem Atheismus entfliehen will, der muß dorthin, wo sich Gott auch finden läßt. Was hülfe der leidenschaftlichste Ausbruchversuch aus der Sinnlosigkeit, wenn da kein Sinn wäre? Was nützt uns das lauteste Klagen über den Verlust von Wahrheit und Gott, wenn wir keine Wahrheit und keinen Gott finden können?

Wenn mich nicht alles täuscht, erleben wir weithin genau dieses Drama: Wir merken die Hohlheit, erkennen die Sinnlosigkeit und beschwören auch überall die Notwendigkeit einer neuen Sinnerfüllung; aber hinter allem Beschwören und der Verwünschung des Unheils zeichnet sich nicht ab, was auf Finden des Heils schließen ließe.

Ich sah in einer Fernsehsendung junge und ältere Zeitgenossen mühevoll analysieren, wie aussichtslos die Weltlage im Großen und im Kleinen ist und wie sehnsuchtsvoll die Menschen Ausschau halten nach Lösungen für den privaten wie für den gesellschaftlichen und staatlichen Bereich. Die Sendung schloß mit vielen Hoffnungen und daß man dies und jenes denken, tun und anpacken müsse. Aber eines blieb aus: Die Antwort, wo das Gültige und Sinnvolle denn nun zu finden ist. Das wußte keiner! Man wollte die Sinnlosigkeit verlassen, aber man hatte kein Absolutum, auf das man zugehen konnte! Darum wird man weder die Sinnlosigkeit noch den Atheismus verlassen können, wieviel man auch gedanklich und ethisch versucht, ihn irgendwo und irgendwie zu überwinden.

Ein Student, der mit uns diese Fernsehsendung gesehen hatte, fragte aufgebracht: »Wie kommen wir denn nun aus diesem Dilemma heraus? Wir haben doch zu fragen und wir haben doch zu suchen, wie wir diese Sinnlosigkeit überwinden?«

»Wer aus der Kälte des Atheismus und aus dem zerstörenden Sog der Sinnlosigkeit heraus will«, antwortete ich, »der muß zuerst den lebendigen Gott entdecken. Erst dann, wenn ich IHN entdeckt habe, weiß ich, wohin ich gehen kann und aus welcher Kraft ich den Atheismus verlassen kann; denn die Erkenntnis, daß der bisherige Weg falsch ist, wird nicht automatisch zum richtigen Weg!«

»Und wo ist nach Ihrer Meinung Gott zu finden? Wo gelingt der Aufbruch aus der Sinnlosigkeit wirklich?« fragte daraufhin der Student.

Die Antwort fiel mir nicht schwer:

»Der lebendige Gott, der den Kosmos und alles Leben begründet, erhält und vollendet, kommt an einer Stelle in die Geschichte herein. ER kommt in dem Geheimnis Jesu von Nazareth zu uns Menschen. Hier wird der verborgene Gott deutlich. Hier kommt ER uns nahe. Das ist die

33

Wahrheit des Neuen Testaments. Wer diese Wahrheit nicht hören will, der muß Gott nun suchen, wo immer er meint, ihn finden zu können. Wer hier aber sucht, der wird IHN genau hier finden. Und darum ist die Frage nach dem Aufbruch aus dem Atheismus immer eine Frage nach dem Geheimnis Jesu Christi.«

Die Gottesfrage richtet sich an eine Person

Ich erlebe seit den vielen Jahren meines Dienstes als Prediger immer und immer wieder die gleiche Aufregung und den gleichen Aufruhr: Die Menschen aller Bildungs- und Gehaltsstufen reagieren immer gleich. Sie sind bereit, über alles stundenlang zu reden. Sie sind auch fähig, die seltsamsten Gedankengänge und Praktiken aller möglichen Religionen und Ideologien nachzuvollziehen. Aber immer dann, wenn ich den Namen »Jesus« nenne, werden sie abweisend und nervös. Der Mensch will die Gottesfrage stellen, aber er will sie nicht angesichts dieser Person stellen. Ist das nicht merk- und nachdenkwürdig?

Immer und immer wieder sage ich unseren Zeitgenossen diesen Satz:

»Bevor Sie an Jesus von Nazareth vorbeigehen, tun Sie sich doch einmal den Gefallen und fragen Sie erst einmal, wer das wirklich ist! Sie sollen ja noch gar nichts glauben und für wahr halten; aber sie sollten wenigstens einmal nachfragen, warum das Neue Testament und warum wir Christen behaupten, daß hier, in diesem Jesus von Nazareth, die ewige Welt zu uns kommen soll!«

So fordere ich auch jetzt in diesem Augenblick zu nichts anderem auf, als den Mut zu haben und zu fragen:

»Wer ist dieser Jesus eigentlich? Warum behauptet denn das Neue Testament solche gewaltigen Dinge über ihn? Warum geben denn die Christen in der ganzen Welt keine

Ruhe und reden unentwegt davon, daß in diesem Jesus das gültige Leben erscheint?!«

Persönlich gestatten Sie mir diesen Satz, der jeden sehr persönlich treffen soll:

Wer wirklich dem Atheismus entrinnen will und wer wirklich zum Leben kommen will, der muß auch einmal bereit sein, einen geistigen Weg mitzugehen, der ihm im Augenblick nicht schmeckt. Ich mache Ihnen in diesem Augenblick Mut, die Frage nach Jesus zu stellen! Ich bezeuge Ihnen, daß für mich diese Frage zu einem wirklichen Aufbruch aus meinem Atheismus geführt hat und daß ich nun ein Leben führe, das erfüllt ist von einem großen und hinreißenden Sinn.

Lassen Sie in diesem Augenblick dieses Geheimnis an sich heran! Laufen Sie nicht weg, sondern gehen Sie darauf zu! Weisen Sie nach, wenn Sie dem Atheismus entfliehen möchten, daß Sie auch bereit sind, einem großen Geheimnis nachzugehen! Wir wollen es gemeinsam wagen.

6. Das Geheimnis Jesu

Wenn wir nun von dem Geheimnis Jesu reden, dann möchte ich zunächst sagen, was ich unter einem Geheimnis verstehe. Danach will ich von dem Geheimnis Jesu sprechen.

Ich nenne das ein Geheimnis, wenn sich in der sichtbaren Vordergründigkeit etwas ereignet, was sich aber nur aus einer unsichtbaren und hintergründigen Wirklichkeit verstehen läßt.

So ist z.B. die aufbrechende Liebe bei einem jungen Menschen darum geheimnisvoll, weil die bewegende und drängende Unruhe, die ihn lachen und weinen, schenken und verzweifeln läßt, eben aus einer tiefen und unfaßbaren Macht der Liebe aufbricht. So ist also nicht das Lachen und das Weinen, das Schenken und das Verzweifeln die Liebe, sondern die verborgene Liebe schafft jene Unruhe, die zum Lachen und Weinen, zum Schenken und Verzweifeln führt. So weisen die Äußerungen auf einen wirklichen Hintergrund hin.

Information aus erster Quelle

So nenne ich das ein Geheimnis, wenn sich im Sichtbaren etwas äußert, das aber dennoch im Verborgenen seine Wirklichkeit und sein Wesen hat. Gewiß kann man noch viel mehr über das Wesen eines Geheimnisses sagen, aber für unser Verstehen reicht dieser Schlüssel.

Wenn wir nun das Leben Jesu kennenlernen wollen, dann müssen wir uns notwendigerweise mit dem Zeugnis und der Botschaft der Evangelien befassen. Wer diesen Weg durch die Evangelien nicht gehen will, der soll Auskunft geben, was er nun noch vom christlichen Glauben und vom Christentum erwartet! Und: ob er seine Informationen auch sonst nur aus zweiter oder dritter Hand holt und nicht – wenn möglich – direkt aus erster Quelle! In unserem Fall wären das eben die Evangelien.

Wenn wir aber nun dem Leben Jesu nachgehen, dann machen wir eine erstaunliche Entdeckung:

Das ganze Leben Jesu mit allen Taten und Worten, mit seinem Leiden und Sterben geschehen zwar im Vordergrund der Geschichte, aber gleichzeitig weist alles an Jesus über Jesus hinaus in die verborgene Welt des ewigen Gottes. Wer über das Leben Jesu nachdenkt, kommt, ohne daß er dies zunächst will, in ein Nachdenken über die Wirklichkeit Gottes. Wir treffen also in Jesus auf eine geschichtliche Persönlichkeit, aber in ihr leuchtet die andere, die verborgene und ewige Wirklichkeit Gottes hindurch. Wir entdecken in Jesus eben nicht nur Jesus, sondern wir entdecken in ihm das verborgene Kommen Gottes.

Wer Jesus kennt, kennt Gott

Wir können auch so sagen:

Alles was Jesus gesagt und getan hat, hat er nicht aus sich, sondern aus Gott getan. Und alles was Gott tun und sagen wollte, das hat er durch den Sohn gesagt und getan. Aber nicht nur die Taten und Worte Jesu sind Äußerungen Gottes, sondern das ganze Leben Jesu, seine Geburt, sein Weg durch die Geschichte, sein Leiden, sein Sterben, sein Auferstehen und seine Himmelfahrt sind Offenbarung und Hinweis Gottes auf sich selbst. In dieser Einheit von geschichtlichem Leben Jesu und dem Wirken Gottes liegt das Geheimnis Jesu.

Anders formuliert können wir auch sagen:

Nicht das, was Jesus tut und sagt, ist an sich schon geheimnisvoll, sondern daß er das, was er sagt und tut, aus der innersten Einheit mit Gott tut, macht sein Geheimnis aus. Nicht das, was Jesus lebt, leidet und stirbt, ist schon an sich geheimnisvoll, sondern daß sein ganzes Leben Ausdruck des ewigen Wollens und Liebens Gottes ist, das macht das ganze Leben Jesu so geheimnisvoll. Auch die Auferstehung, so unverständlich sie uns Menschen sein muß, ist nicht das Geheimnis Jesu, sondern daß der ewige Gott in dem gekreuzigten Jesus von Nazareth so den Tod und die Hölle überwindet, macht die Auferstehung Jesu so geheimnisvoll.

Es ist also nicht das Leben Jesu selber, das so geheimnisvoll ist, sondern daß sich in diesem Leben der ewige Gott in Raum und Zeit und damit in unsere Vergänglichkeit hineinbegeben hat, macht Jesus zu dem ewigen Geheimnis.

Wir können jetzt irgendein Evangelium miteinander lesen und durchgehen, immer wieder würden wir auf dieses Geheimnis stoßen: Das Leben Jesu weist auf eine ewige Wirklichkeit und ist ohne sie nicht zu verstehen.

In den Abschiedsreden Jesu (Johannes 14 V. 7–10) kommt es zu folgendem Gespräch:

Jesus spricht:
Wenn ihr mich kenntet, so kenntet ihr auch den Vater. Und von nun an kennt ihr ihn und habt ihn gesehen.

Spricht zu ihm Philippus:
Herr, zeige uns den Vater, das genügt uns.

Jesus spricht zu ihm:
So lange bin ich bei euch, und du kennst mich nicht, Philippus? Wer mich sieht, der sieht den Vater; wie sprichst du denn: Zeige uns den Vater? Glaubst du nicht, daß ich im Vater bin und der Vater in mir ist? Die Worte, die ich zu euch rede, die rede nicht ich von mir selbst. Der Vater aber, der in mir ist, der tut die Werke.

Hier verbirgt sich das Geheimnis Jesu: In IHM wohnt Gott. In IHM redet Gott. In IHM handelt Gott. In IHM vollendet Gott. In IHM, am Kreuz, beugt sich Gott hinab in die Tiefen der Gottverlassenheit der Menschen. In IHM sucht und findet Gott seine Menschen wieder. In IHM erreicht Gott jeden Menschen, er sei, wo er sei, und er sei, wer er sei! In IHM zeigt Gott sein wahres Gesicht. In IHM gibt er die Fülle des Lebens. In IHM schenkt er die Wahrheit der ewigen Welt. In IHM kommt alle Hoffnung in die Vergänglichkeit. In Jesus von Nazareth findet Gott Wohnung bei den Menschen.

Der verborgene Gott – Jesu Geheimnis

Darin liegt das Geheimnis Jesu. Aber dieses Geheimnis hat, so seltsam es klingt, eine für den Menschen völlig unverständliche, bestimmte Weise, sich zu erschließen: Das Geheimnis Jesu erschließt sich dem Glaubenden unter dem Gegensatz der Anschauung:

Gott kommt in Jesus nicht direkt, sondern Gott kommt verborgen, und er verhüllt sich in dem Leben Jesu, in seinen Worten und in seinen Taten, in seinem Leiden und in seinem Sterben, in seiner Auferstehung und in seiner siegreichen Himmelfahrt.

Der große Gott kommt klein und wählt die Niedrigkeit des Lebens Jesu, um uns nahe zu sein. Gott bringt das ewige Leben, aber er bringt es in der Begrenzung dieses jüdischen Wanderpredigers. Gott bringt die ganze Ewigkeit, aber er verengt alles in den schrecklichsten Augenblick des Sterbens am Kreuz, um hier die ganze Fülle zu verschenken dem, der diesem Jesus als dem auferstandenen Herrn glaubt.

Das ist das Geheimnis Jesu: In seiner ärmlichsten Stunde auf Golgatha wurde er zum Geber des reichsten

Lebens gemacht! Alles, was wir an Jesus sehen, macht das Kommen Gottes nicht deutlich, sondern alles scheint darauf hinzuweisen, daß Gott hier und so niemals kommen kann. Denn wir erwarten das gültige und sinnvolle Leben aus Gott möglicherweise überall, nur hier nicht! Und genau dies ist das Geheimnis Jesu:

In seinem Sterben schenkt Gott das Leben, auf das die Welt wartet und nach dem Milliarden von Menschen hungern!

In Jesu Ohnmacht verbirgt Gott seine Vollmacht, alles Menschsein mit Leben und mit Sinn zu füllen.

Im Klagen am Kreuz verbirgt Gott seinen Lobgesang, der alle Herzen und alle Sinne der Welt mit unfaßbarer Freude erfüllen kann.

In der Niedrigkeit des Leidens Jesu verbirgt Gott seine alles erfüllende Hoheit und Majestät.

In der Häßlichkeit der Sterbestunde auf Golgatha verbirgt Gott seine Schönheit und seinen Glanz.

In der Ausweglosigkeit des Kreuzestodes verbirgt sich der einzige Weg zu einem Leben, das ganz und gar unaussprechlich ist.

In der Schande dieses schrecklichen Sterbens Jesu verbirgt sich die Ehre Gottes, die er jedem wiederschenkt, der sich hier die Sünde vergeben und die ewige Herrlichkeit umsonst geben läßt.

Sehen Sie: Das ist das Geheimnis Jesu! In IHM kommt Gott zu den Menschen. Es gibt nur noch ein Problem: Was muß geschehen, daß ein Mensch wachgemacht wird für dieses Geheimnis und daß er sich aufmacht, um sich mit diesem Geheimnis zu einen?

7. Die Erfahrung

Wir erinnern uns: Wir sprachen von dem Aufbruch aus dem Atheismus und sagten, daß nur die Gottesfindung diesen Aufbruch möglich machen kann. Gott aber läßt sich nur in dem Geheimnis Jesu finden.

Damit kommen wir zu der letzten Frage und der letzten Antwort:

Was geschieht, wenn wir dem Geheimnis Jesu begegnen?

Ich möchte diese Frage mit drei einfachen Sätzen beantworten:

1. Satz: *Das Geheimnis Jesu wird nicht gedacht, sondern es erschließt sich dem, der stille hält.*

Wir kommen hier an eine große und vergessene Wahrheit heran. Sie lautet: Die entscheidenden Dinge werden von uns nicht gemacht, sondern sie werden erfahren und in Empfang genommen. Das gilt für unser Leben, für unser Geschlecht, für unsere Sprache, für unsere Eltern, für unsere Kultur usw.

Erst wenn wir wieder dieser Wahrheit Raum geben, erkennen wir, wie auch wir mit dem Geheimnis Jesu umzugehen haben: Wir halten ihm still und bitten ihn in diesen stillen Augenblicken: »Herr Jesus Christus, du gekreuzigter und auferstandener Herr, offenbare dich abermals, wie du es immer getan hast. Nun offenbare dich auch in mir!«

In diesem Gebet und in dieser Grundhaltung öffnen wir die Heilige Schrift und lesen und horchen und suchen von ganzem Herzen und von ganzem Gemüt. Das Suchen aber ist immer ein Ruhen in der Stille.

Ich habe erfahren, daß nicht die Glaubensunfähigkeit die größte Hinderung zum Glauben an Jesus Christus ist, sondern daß uns dieses Stillesein vor IHM und Seinem Geheimnis die allergrößte Mühe bereitet.

Und ich habe auch erfahren, daß dort, wo ein Mensch sich diesem Geheimnis aussetzt, auch Seine Gegenwart durch das einfache Worte der Schrift zu wirken beginnt.

2. Satz: *Wer empfängt, der wird seine Hände öffnen.*
Wer dem Geheimnis Jesu offen begegnet, der wird auch neue Wahrheiten denken und kennenlernen wollen.

Es gibt ein Festhalten an gewohnten Gedanken und an überlieferten Schemata. Zu diesen gewohnten Gedanken gehört z.B., daß Gott ›drüben‹ und ›ferne‹ ist. Das ist nicht wahr. Gott ist im Namen Jesu da. Er ist gegenwärtig. Alles ist erfüllt durch ihn. ER ist uns näher, als wir uns selber sind. Wir können ihn nicht denken, sondern wir sind von ihm gedacht, und ER ist da.

Das Zeitalter des Rationalismus hat uns alle Dinge distanzieren lassen, und wann immer wir die Dinge und Erlebnisse denken, entfernen sie sich von uns. Was in der Wissenschaft sein Recht hat, hat im Leben aber wenig Sinn. Im Glauben an Jesus Christus wird das Distanzieren zum Unsinn. Jesus wird nicht gedacht, sondern geglaubt, denn er will sich mit uns einen und nicht entfernen.

Die Liebe Jesu ist da. Sie will und darf hier und jetzt geglaubt werden. Wir glauben ja nicht, damit diese Liebe wahr werde, sondern weil sie wahr und da ist, darum kann ich glauben, damit sie auch nun für mich wahr sei.

So öffnet sich ein Mensch, indem er sagt: »Herr, ich bin da! Ich glaube, daß Du da bist. Ich vertraue Dir, daß Du mich nicht betrügst, als Du gesagt hast ›Wer zu mir kommt, den stoße ich nicht hinaus.‹ Herr, ich bin da!«

Es gibt noch viele alte, gewohnte Gedanken, die ich gerne ablegen will, um dem Geheimnis der Gegenwart Jesu stillzuhalten.

3. Satz: *Der Aufbruch aus der Einsamkeit und dem Atheismus gehört mit zu dem gewaltigsten, was ein Mensch erleben kann und soll. In diesen Stunden wird es gut sein, wenn man nicht allein bleibt.* Nehmen Sie sich Zeit, und gehen Sie zu Menschen, mit denen Sie reden und beten können.

Vielleicht suchen Sie einmal einen besonderen Ort der Stille und des Gebetes auf: Eine geistliche Gemeinschaft, ein Kloster, eine Kommunität oder Sie suchen nach einem Menschen, der Zeit für Sie hat.

Vielleicht beichten Sie einmal, ordnen viele Dinge, die in Unordnung geraten sind, und lassen sich einmal helfen, um ein einfacheres und lebensgemäßeres Leben zu führen.

Gestatten Sie sich eine gewisse Zeit, einmal die Heilige Schrift zu lesen, um das Leben Jesu besser kennenzulernen und um in Gesprächen mit erfahrenen Menschen Erkenntnisse des geistlichen Lebens zu gewinnen.

Nehmen Sie wieder bewußt Anteil am gottesdienstlichen Leben. Lassen Sie die Strenge und die Schönheit einer solchen Stunde auf sich wirken. Gehen Sie einmal zum Heiligen Abendmahl wie jemand, der an den Tisch des Vaters geladen wird. Ändern Sie Ihr Leben so, daß Sie mehr von der

Stille und vom Empfangenen und weniger von der Unruhe und von der Hast leben.

Der Glaubende lebt aus dem Geheimnis Jesu, und das Geheimnis Jesu läßt jeden zur Ruhe kommen. Denn wo Jesu Liebe zu wirken beginnt, da ist der Friede, den die Welt nicht kennt, der aber in der Welt sich dort verbirgt, wo der Name Jesu genannt und geglaubt wird. Und in diesem Frieden ist aller Atheismus überwunden und die Sinnlosigkeit ist dahin. In dieser Liebe blüht ein Wollen auf, das auf eine geheimnisvolle Weise mehr zu tun in der Lage ist, als dem Menschen der Tat bewußt ist. Damit können Sie rechnen.

Denn wer aus dem Geheimnis Jesu zu leben beginnt, der wird auf geheimnisvolle Weise mehr ausrichten, als er jemals erträumt hat. Das ist wahr.

Wir wollen hier schließen. Es bleibt für uns eine große und alles überwindende Zusage unseres Herrn. Sie lautet:

»Habe ich dir nicht gesagt, wenn du glauben würdest, du solltest die Herrlichkeit Gottes sehen!« (Joh. 11,40)

Weniger sollte unser Leben nicht erfüllen, und mehr als dies gibt es nicht.

WEITERE R. BROCKHAUS TASCHENBÜCHER